L'OCCUPATION

DE

LA COMMUNE DES BORDES

(Loiret),

Par les Armées allemandes.

~~~

RÉCITS DE L'INVASION

1870-1871,

Par D. LAIZEAU, Maire des Bordes.

ORLÉANS,

IMP. D'ÉMILE PUGET ET Cⁱᵉ, RUE VIEILLE-POTERIE, 9.

—

1871.

AVANT-PROPOS.

~~>●<~~

Dans tous les temps et sur toute la surface du globe, les guerres ont amené le démembrement et même l'anéantissement de vastes et riches puissances. Mais quelque terribles qu'elles aient été, elles n'ont pas surpassé en abomination, en violences, celle que la Prusse vient de poursuivre contre la France. Il faut remonter jusqu'aux époques les plus reculées de l'Histoire pour en trouver le parallèle, et, comme point de comparaison, on ne rencontre guère que les Huns qui aient donné au monde le navrant spectacle de tant de désastres et de forfaits.

Je n'ai pas ici la prétention de tracer l'histoire complète et définitive de l'invasion allemande dans notre contrée; une pareille tâche serait au-dessus de mes forces. Je laisse à une plume plus puissante et mieux douée que la mienne le soin de reproduire les faits accomplis pendant ces journées néfastes. L'essai que j'offre à mes concitoyens n'a d'autre mérite que d'être écrit par un homme qui a vu de près tous les évènements et qui a connu la plupart des choses dont il parle.

Le récit de ces tristes évènements est pour tous : si le riche y apprend à connaître les vicissitudes qui détruisent les positions sociales, le pauvre y recueillera des enseignements bien autrement précieux ; car il semble qu'il ait plu à la Providence, dans cette horrible guerre, de faire passer la population de mon pays par toutes les infortunes, par toutes les misères, par toutes les souffrances.

D. L.

RÉCITS DE L'INVASION

1870-1871.

—∘∘⟩∘⟨∘∘—

Dès le 5 décembre 1870, au matin, une sombre inquiétude s'empara de tous les esprits lorsqu'on vit l'armée française se replier sur la rive gauche de la Loire. Toutes les routes aboutissant au pont de Sully se trouvaient couvertes de troupes de toutes armes. Sur ce point, c'était un effroyable pêle-mêle de voitures sans conducteurs, de militaires sans chefs, d'officiers à la recherche de leurs compagnies; c'était la débandade dans toute l'acception du mot: des soldats arrivaient sans ordre, seuls ou par peloton, les uns sans sacs, les autres armés encore, mais portant sur leur personne le stigmate du fuyard. Des prolonges d'artillerie, des voitures d'ambulance, des chevaux sans maître se frayaient un passage dans ce désordre inexprimable. Aux abords du pont, des hommes, des femmes interrogeaient les survenants. Les cris, les imprécations, les gémissements des malades, les jurons des charretiers, tout cela formait un étrange contraste avec les dernières nouvelles officielles qui annonçaient qu'au Gâtinais, comme partout ailleurs, les combats livrés avaient tourné à l'avantage de nos armes. Ce n'était plus cet élan, cette attitude martiale, cette

gaieté intarissable qui caractérisaient jadis le trou-
pier français; la tristesse, peinte sur tous les visages,
accusait un profond découragement.

En effet, le lendemain, 6 décembre, la consternation fut à son comble lorsque l'on apprit que la
ville d'Orléans venait de tomber une seconde fois au
pouvoir de l'armée prussienne. On disait partout
que 10,000 de nos soldats avaient été écrasés
par 80,000 Prussiens près de Chilleurs-aux-Bois.
Tous ces bruits étaient exagérés, mais la vérité
même qui se fit bientôt jour ne laissait pas que d'être
mortellement inquiétante. Le soir du même jour, on
savait que l'ennemi était à Pithiviers d'un côté, à
Montargis de l'autre; de Gien, on télégraphiait qu'on
voyait poindre les lances des uhlans sur la route
de cette dernière ville. C'est en vain que, devant
cette invasion soudaine, l'autorité militaire faisait
sauter nos ponts sur les fleuves, nos viaducs sur
les chemins de fer, et creusait des tranchées sur
toutes nos routes. Guillaume écrivait paisiblement
à Augusta: « Les Français ont grand tort de semer
tant de ruines sur notre passage, notre marche n'en
est pas arrêtée d'une heure. » Il ne disait proba-
blement pas toute la vérité, mais il ne se trompait
guère !

Plus de doutes, plus d'illusions sur la marche de
l'armée ennemie; il fallait, dans un délai plus ou moins
rapproché, s'attendre à voir notre commune subir le
même sort que tant d'autres. Les habitants profi-
tèrent du peu de répit qui leur était laissé pour sous-
traire leurs objets les plus précieux à la rapacité
d'un ennemi qu'on savait insensible à toute pitié.

La nuit se passa dans les plus cruelles angoisses. Par intervalles, on voyait des familles fuir à l'approche du farouche envahisseur. Aux voitures chargées de chétives récoltes qui se croisaient de toutes parts se mêlaient de pauvres charrettes où s'entassaient confusément un maigre mobilier, et par dessus, juchés sur de mauvais lits, et la femme, et les enfants, et les parents âgés et infirmes, qui regardaient mornes et silencieux cette scène de désolation. C'étaient les petits ménages des communes de Mardié, Saint-Denis, Châteauneuf, etc. etc., qui prenaient la direction de Gien pour sauver les dernières épaves de leur petite fortune. Pauvres gens ! Que de larmes, avant de quitter leur chère demeure ! Où allaient-ils reposer leur tête ?

Le mercredi 7 décembre arriva, — date fatale pour les Bordes et pour la plupart des communes du canton d'Ouzouer-sur-Loire ! Ce fut un de ces jours néfastes, dont les terribles émotions, après avoir fortement ébranlé la génération qui les a ressenties, se conservent longtemps par une tradition vivante, jusqu'à ce qu'une autre de ces grandes catastrophes dont se compose l'histoire de l'humanité vienne effacer le souvenir de la dernière.

Aux premières lueurs du jour, une brume épaisse empêchait de distinguer dans le lointain ; mais vers neuf heures apparut l'avant-garde ennemie qui traversa le bourg des Bordes sans faire mine de s'y arrêter. Le gros de l'armée, 50,000 hommes environ, arriva quelque temps après et continua sa marche sur Gien sans paraître jusque-là s'inquiéter de notre localité. Vers 11 heures il y eut une halte ; alors un intendant à barbe rouge, à physionomie sinistre, sortit des rangs et demanda le maire. Celui-ci, quoique très-souffrant, fut obligé de se rendre à l'ordre de l'officier prussien qui, sans autres formes, lui remit une espèce de sommation ainsi conçue : « M. le Maire « des Bordes est chargé, sous peine d'une contri- « bution de 10,000 fr., de faire préparer un déjeûner « et un dîner à M. le général commandant le « 3ᵉ corps d'armée et à 40 officiers de sa suite. Le « déjeûner, qui aura lieu à une heure, sera com- « posé de : œufs frais, beurre, gibier, volailles de « différentes espèces, rôti, légumes, dessert et café. « Le dîner, qui aura lieu à sept heures, sera com- « posé de : potage, bouilli, entrées, pièces de résis- « tance, poisson d'eau douce, pommes-de-terre « frites, deux espèces de rôti, salade, dessert, café, « et du *bon vin de Bordeaux.* »

Ce service était impossible dans la commune des Bordes, et pour y faire face autant que nos ressources le permettaient, le maire dut s'adresser aux personnes de bonne volonté et aux familles aisées qui donnèrent les unes leurs plus belles volailles et leur meilleur vin, les autres fournirent leur linge et leurs ustensiles de cuisine ; car, avec les exigences des envahisseurs, il fallait être pourvu à l'avance de toutes choses et avoir en sa possession tout ce qui pouvait flatter leur goût et satisfaire leur avidité. Enfin, après bien des difficultés, on parvint à préparer ce festin de Balthazar, qui eut lieu dans la maison de M. Baron. Chacun s'indignait de voir les personnes chargées de ce service traitées si brutalement par le terrible vainqueur ; mais que faire, que dire, en présence d'un si grand nombre ?

Peu de temps après et sur un signal de ce même intendant, les hordes prussiennes pénètrent dans les maisons, en expulsent violemment les habitants, s'emparent de toutes les provisions, brisent tout ce qui fait résistance à leur fureur; de la cave au grenier, tout est dévasté : rien n'est épargné. Sans distinction d'âge, de sexe ni de condition, ces forcenés exercent les plus mauvais traitements sur les vieillards, les enfants et les malades. Il faut être assurément d'une brutalité sans exemple, d'une cruauté incroyable, n'avoir ni cœur ni entrailles pour se jouer ainsi de la vie des hommes et se rire des droits les plus sacrés !

La journée se passa au milieu d'une douleur profonde; la nuit qui approchait paraissait encore plus pénible. La soldatesque encouragée par les chefs ne laissait aucune trève aux infortunés habitants. Malheur à celui qui se trouvait dans l'impossibilité de donner satisfaction à de puérils caprices, les voies de fait suivaient de près les menaces; et bon nombre de personnes se ressentent encore des coups et blessures qu'elles reçurent durant cette triste journée.

Il était à peine 8 heures du soir; la population venait de recevoir l'injonction de préparer un second repas à cette troupe insatiable, lorsqu'on vint annoncer au maire qu'un violent incendie se déclarait au domicile de M. Lerat, aubergiste au chef-lieu de la commune. Bientôt plusieurs bâtiments sont en flammes et présentent l'aspect d'un immense embrasement dont l'effrayante lueur jette la consternation dans tout le pays. En peu d'instants le feu, alimenté

par des matières inflammables, prend de grandes
proportions et menace d'anéantir une partie du bourg
des Bordes. Les officiers, qui savaient très-bien que
cet incendie provenait de l'imprudence des cavaliers
qui ne prenaient aucune précaution dans le panse-
ment des chevaux, essayèrent de donner le change
en accusant le malheureux aubergiste d'être l'auteur
volontaire du sinistre dans le but de faire périr par
les flammes leurs chevaux, harnais et différents objets entassés dans le bâtiment où le feu avait pris
naissance ; et, pour donner une espèce de sanction à
cette odieuse calomnie, les sicaires prussiens se firent amener M. Lerat et le rouèrent de coups pendant que le feu exerçait ses ravages dans son habi-
tation.

Jusqu'à 6 heures du matin, les personnes qui prè-
tèrent leur concours pour combattre l'incendie, furent en butte aux plus mauvais traitements de la
part des officiers et des soldats ; car les uns et
les autres cherchaient par tous les moyens possibles
l'occasion d'accomplir leurs infâmes desseins, et
d'attérer notre population déjà si éprouvée. Nous
avons vu frapper durement un homme inoffensif
parce que le puits d'où il tirait de l'eau se tarissait
trop vite, — comme si cet homme eût été cause de
l'impuissance de ce puits à fournir le volume d'eau
demandé par les envahisseurs !

Pendant ce temps, une scène d'un autre genre se
passait chez un honorable propriétaire du bourg des
Bordes. M. Rouard ayant eu le malheur, en montant
dans son grenier à fourrages, de heurter un cavalier
qui en descendait, celui-ci, sans aucune explication,

se mit à le frapper violemment. M. Rouard, voulant se mettre sur la défensive, se vit entouré de nombreux soldats qui le garottèrent et le conduisirent à la mairie. Là, il fut traité avec la dernière inhumanité. Sans égards pour son âge, ni pour ses infirmités, les bourreaux l'étendirent à terre et le forcèrent à faire l'exercice des armes. Malgré ses cris de douleur, ils ne cessèrent, durant toute la nuit, de le tourmenter avec la plus horrible barbarie. C'était le martyre en détail..... Ce ne fut que le lendemain à midi que se termina ce supplice et que M. Rouard obtint sa mise en liberté.

Combien d'autres actions aussi cruelles, qu'il serait trop long d'énumérer, furent commises dans notre pauvre commune durant cette longue occupation ! Combien de personnes ne purent en supporter la vue ni les souffrances !

L'aurore du lendemain, 8 décembre, nous montra dans leur effrayante réalité les hauts faits du corps d'armée du prince Frédéric-Charles; alors on put juger des immenses ravages produits depuis si peu de temps. C'était un spectacle affreux de voir nos habitations pillées, dévastées, livrées à toute la fureur de ces barbares ! Nos rues étaient absolument désertes et nos pas résonnaient dans le silence et une morne solitude. Les édifices communaux subirent à peu près les mêmes traitements que les maisons particulières : le mobilier classique fut brisé, les archives communales en partie détruites; l'église elle-même, qu'à tant de titres on eût dû respecter, fut le théâtre des saturnales les plus ignobles, les misérables allèrent jusqu'à souiller d'ordures les bénitiers et autres objets du culte.

Depuis la veille au soir, l'ennemi avait rempli le saint lieu de pauvres prisonniers français qui, couchés sur la dure, exténués de fatigue, privés de couvertures et mourant de faim, souffraient sans donner le moindre signe de désespoir; on n'entendait aucun cri parmi eux, mais la pâleur de leurs visages, leur démarche lente et pénible, annonçaient l'excès de leurs souffrances. Les enfants contemplaient ces groupes infortunés ; la tristesse, qui sied si peu à leur âge, était peinte sur leurs traits, et quand les factionnaires impitoyables les repoussaient, ils couraient se jeter dans les bras de leur mère..... Déjà l'heure du départ pour ces pauvres victimes de la guerre allait sonner sans espoir pour eux d'obtenir quelques minces aliments de l'implacable vainqueur, lorsque heureusement une personne, bien connue dans notre contrée par son inépuisable charité, put procurer aux prisonniers de quoi apaiser la faim qui les dévorait.

Vers huit heures du matin, après avoir enlevé tout ce qui se trouvait dans la commune, les hordes prussiennes reçurent l'ordre de partir. Le défilé se continua sans interruption durant la journée entière : canons, caissons, cavalerie, infanterie, fourgons de vivres, voitures d'ambulance, chars de paysans allemands, tout cela s'écoula lentement, sans proférer ni cris, ni chants de triomphe. Et cependant ces soldats doivent avoir l'ivresse de la victoire; mais la discipline commande l'ordre et le silence, et pas un homme ne sort des rangs. Enfin, à 5 heures du soir, notre pays se trouvait à peu près évacué; mais le peu de soldats qui furent désignés

pour y séjourner, répandaient l'épouvante au milieu
de la population déjà trop affligée. A 9 heures, alors
que chacun se disposait à prendre un peu de repos,
8 à 10 soldats, ivres de vin et de fureur, se répan-
dent dans la commune, forcent les maisons, en chassent les propriétaires et se font un jeu de tirer sur
eux. Pendant plus d'une heure, on n'entend dans le
bourg que cliquetis d'armes et détonations de mous-
queterie. Les infortunés habitants ne peuvent sortir
de leur domicile sans s'exposer à une mort presque
certaine. M. Bonneau, qui était allé réclamer des secours pour sa fille mourante, reçoit un coup de
baïonnette en pleine figure ; M. Jatteau est également
atteint de la même arme ; M. Léon Caillard est obligé
de prendre la fuite pour se mettre à l'abri des coups
de fusil tirés sur sa maison ; M. et Mme L... ne doivent leur salut qu'à un sous-officier qui, se trouvant
dans leur demeure, parvient à les protéger. C'était
le spectacle le plus lamentable qu'on puisse se figu-
rer : des pères de famille effrayés quittent précipi-
tamment leurs habitations avec ce qu'ils ont de précieux et s'en vont, avec leurs femmes et leurs enfants,
chercher au hasard un refuge contre le fléau qui les
menace. D'autres errent dans la forêt et prennent
pour gîtes les loges des bûcherons ou celles des char-
bonniers. On voyait tous ces infortunés tremblants,
sans proférer la moindre imprécation, tant la stupeur
rendait leur douleur muette, chercher une retraite
au milieu de la nuit, par un temps couvert de neige
et un froid irrésistible. La faim venait encore ajouter ses horreurs à la rigueur de la saison. C'était
pitié de voir les misérables objets qu'ils emportaient :

des lits à moitié vides, du linge déchiré, des ustensiles de ménage brisés, des effets d'habillement lacérés, toute leur fortune. Les vieillards, encore plus accablés par la douleur que par les années, rarement pouvaient suivre leur famille, et beaucoup, pleurant sur les ruines amoncelées autour d'eux, se laissaient défaillir près des objets qui leur étaient le plus chers. Et ce n'est là qu'une faible et pâle image, qu'un épisode détaché des terribles souffrances endurées par la population des Bordes pendant l'occution allemande.

Comme nous venons de le dire, l'épouvante était telle dans la commune des Bordes qu'une grande partie des habitants avaient pris la fuite. Les quelques personnes qui n'avaient pas cru devoir quitter leurs demeures, pensaient en avoir fini avec les Prussiens ; mais cette espérance fut de courte durée. En effet, le soir du même jour, 9 décembre, un bruit sourd et continu se faisait entendre dans le lointain : c'était encore le redoutable corps d'armée de Frédéric-Charles qui, n'ayant pu pousser sa marche plus loin que Gien, revenait dans la direction d'Orléans. Aussitôt entrés dans le pays, des soldats de toutes armes se font ouvrir les portes des maisons, enfoncent celles abandonnées par leurs propriétaires, chassent de leurs grabats les personnes qui s'y trouvent couchées, se font servir à boire et à manger, exercent des violences atroces contre ceux qui n'ont plus rien à leur donner. C'était affreux : la terreur marchait devant eux et subjuguait d'avance les habitants atterrés.

Jusqu'au matin du 10 décembre, les farouches envahisseurs ne cessèrent un seul instant de se livrer au pillage le plus effréné. Enfin, le 11, notre commune se trouvait libre. Nul alors n'osait s'approcher et se faire part des pertes immenses dont chacun venait d'être victime. La douleur était grande et amère... Puisse ce cri des populations en deuil appeler sur la tête de ceux qui ordonnent ces guerres toutes les malédictions et toutes les vengeances du destin !

Les jours suivants furent occupés à nettoyer les demeures, à remettre en place les meubles brisés, à réunir les épaves du petit patrimoine dispersé. Nous nous informions aussi de nos voisins, ignorant la conduite de l'ennemi à leur égard ; mais les nouvelles que nous recevions de tous côtés ajoutaient encore à nos tristesses, car partout le vainqueur avait été dur et impitoyable. Bray, Bonnée, St-Père, Dampierre se trouvaient sous le coup de grands désastres ; mais à Ouzouer-sur-Loire, la scène fut encore plus horrible. Jamais il ne fut donné à l'homme de concevoir pareil spectacle, qui ne se rencontrera pas deux fois dans les annales d'un peuple civilisé.

Des soldats français, restés en arrière de leurs corps, voulant défendre le chef-lieu de notre canton, et croyant n'avoir affaire qu'à un faible détachement de l'armée ennemie, se postèrent, une partie dans le clocher, et l'autre dans des maisons particulières. Ces positions étaient à peine prises que l'avant-garde prussienne pénètre dans le bourg d'Ouzouer. Aussitôt une vive fusillade est dirigée sur cette avant-garde. L'officier qui la commandait et

cinq de ses hommes tombent mortellement frappés ;
les autres sont contraints de se replier vers le gros
de l'armée qui arrivait en toute hâte. Alors l'ennemi couvre de ses feux le pauvre bourg : les bombes,
les boulets, les obus ne cessent d'y pleuvoir. Des
maisons sont éventrées par le canon, l'église est
atteinte par plusieurs projectiles, l'hospice lui-même,
malgré son drapeau protecteur, n'est pas à l'abri du
bombardement. L'épouvante des hommes, les cris
d'effroi des femmes et des enfants viennent encore
augmenter l'horreur de la situation. Quelques mi-
nutes encore et c'en était peut-être fait de la commune entière sans l'admirable courage et l'héroïque
dévouement du vénérable curé-doyen qui, affron-
tant la mort, prit la sublime résolution d'aller im-
plorer le vainqueur pour ses malheureux paroissiens.
Quoi de plus touchant, de plus digne d'éloges que la
noble conduite du courageux ecclésiastique en
cette circonstance ; c'est la mise en pratique du
précepte du Christ : *Le bon pasteur donne sa vie
pour ses brebis* !

Aussitôt l'armée prussienne entrée, la commune
d'Ouzouer est mise au pillage ; les habitants ont
à subir les plus mauvais traitements ; les maisons
sont enfoncées, les caves forcées et fouillées, les
meubles brisés ; tout, en un mot, est littéralement
saccagé. Ouzouer-sur-Loire présente-t-il aujourd'hui
l'aspect d'un bourg ? A cette heure, c'est un séjour
de ruines et de désolation, et ses habitants meurent
de privations ou de chagrin. Cependant ce n'était
pas tout ; d'autres malheurs encore étaient réservés
à cette commune, comme on le verra plus tard :

mais il est temps de reporter nos regards sur notre pays et de reprendre le récit des évènements qui s'y sont accomplis, enchaînement continu de peines et de désastres.

Le lecteur se souvient que le 11 décembre, le corps d'armée de Frédéric-Charles évacuait la commune des Bordes en prenant la direction d'Orléans. Depuis cette époque jusqu'à la fin de l'occupation, les troupes allemandes, pour mieux tenir la ligne de la Loire, établirent des postes sur différents points de la route nationale de Briare à Angers ; ce qui eut pour conséquence de mettre nos concitoyens dans la pénible nécessité de nourrir et de loger des troupes ennemies presque tous les jours. Aussi, la commune des Bordes est-elle une de celles du département du Loiret qui aient eu le triste privilége d'être le plus cruellement traitées par la soldatesque prussienne, bavaroise, mecklembourgeoise, hessoise et hanovrienne.

On nous avait rapporté que la milice des petites puissances de l'Allemagne n'avait pas les instincts aussi mauvais que les troupes prussiennes proprement dites. Aussi la population des Bordes ne fut nullement effrayée, dans l'après-midi du 18 décembre, lorsqu'elle vit entrer sur son territoire 200 Bavarois; mais cette douce illusion fut de courte durée. A peine arrivés dans la commune, ces Bavarois se répandirent dans tous les hameaux, dépouillant les garde-manger de leurs provisions, enlevant prestement les volailles des basses-cours, arrachant des meubles le peu de linge qui y restait. Les fermiers eurent beaucoup à souffrir du séjour de ces pillards, que ni les larmes, ni les supplications ne pouvaient fléchir.

Le soir venu, ces mêmes soldats s'emparèrent des lits des habitants pour coucher, non-seulement leurs sales personnes, mais encore leurs chiens. Oui, cela est pourtant vrai, ces êtres dégoûtants n'eurent pas honte d'expulser de leurs couches de pauvres familles pour y placer et dorloter leurs carlins ou boule-dogues. Aussi nous accueillîmes le lendemain, avec transport, la nouvelle du départ de cette troupe, dont la malpropreté n'avait d'égale que la rapacité.

C'est ainsi que nous atteignîmes les derniers jours du mois de décembre. Qu'ils furent tristes, parmi nous, ces jours d'ordinaire consacrés à la joie ! Quel contraste avec les années précédentes !

L'année 1871 commençait absolument de la même manière qu'avait fini celle de 1870, c'est-à-dire que notre pays, toujours occupé par l'ennemi, endurait des maux qui allaient croissant chaque jour et dont personne n'entrevoyait la fin.

Bien que la plupart des soldats allemands fussent abondamment pourvus de toutes choses, ils n'en faisaient pas moins, à tous moments, des réquisitions de toute nature dans les maisons du bourg comme dans celles de la campagne, exigeant presque toujours ce qu'ils savaient ne pouvoir leur être fourni. Qui de nous oubliera ces violents coups de pied et ces furieux coups de crosse, lancés contre nos volets et dans nos portes, qui nous faisaient tant tressaillir le jour ou la nuit ? car c'est de cette manière que les soudards allemands s'annonçaient en venant prendre possession de nos demeures. Qui ne se souviendra aussi des demandes impérieuses, exprimées avec cet accent tudesque, qui se terminaient invariablement par ces mots : *tout de suite, tout de suite!* Combien de fois de pauvres gens furent obligés de fuir, faute de ne pouvoir donner satisfaction à des exigences impossibles !

Vers cette époque, M. Despond, sous-préfet de Gien, fut emmené prisonnier en Allemagne. Il passa aux Bordes au milieu de ses gardiens ; la population protestait en silence contre cet abus de la force et témoignait de sa sympathie envers un courageux fonctionnaire qui paya de la captivité la résistance courageuse qu'il fit aux injonctions iniques des généraux allemands.

C'est aussi dans le même temps que nous eûmes à héberger divers détachements de l'armée de Hesse-Darmstadt. Le premier de ces détachements arriva aux Bordes le 3 janvier à 8 heures du soir. Surpris de cette arrivée soudaine, les habitants s'empressèrent de recevoir, comme ils le pouvaient, cette nouvelle milice avec la presque certitude de n'en être pas mieux traités que par les précédents. Mais rendons cette justice à un ennemi : ces Hessois étaient des hommes doux, qui prirent en pitié les malheureuses victimes de la guerre. L'officier qui les commandait désapprouvait hautement la politique de M. de Bismark et pressentait que la guerre atroce qui était faite à la France deviendrait un jour aussi funeste à sa patrie qu'à la nôtre. Enfin, par une rare exception, les habitants ne se ressentirent presque pas du double passage de cette troupe qui, nous devons le dire, allégea autant que possible notre pénible situation. Il en fut de même d'un régiment de

la landwehr, qui arriva dans la soirée du 10 janvier.
Les officiers, dont la plupart étaient des gens bien
élevés, firent respecter les habitants, qui n'eurent
aucunement à se plaindre de ce régiment. Malheu-
reusement, d'autres troupes n'eurent pas les mêmes
ménagements, comme on le verra bientôt.

Le 15 janvier, arriva aux Bordes un officier qu'accompagnaient plusieurs fourriers ; son premier soin
fut de se présenter chez le maire pour lui annoncer
que le lendemain la commune aurait à recevoir un
régiment d'infanterie venant de Pont-aux-Moines.
Puis ce même officier enjoignit au magistrat municipal de lui faire préparer à dîner ainsi qu'à ses hommes, sinon des réquisitions seraient faites dans le
pays, c'est-à-dire que le pillage aurait lieu sur-le-
champ dans toutes les maisons du bourg. Une sem-
blable injonction était sans réplique, et il fallait y
obtempérer, bon gré, mal gré. Pour surcroît de peines, vers 8 heures du soir, les fourriers vinrent dé-
clarer que le régiment en question, annoncé pour le
lendemain à midi, arriverait le soir même à onze
heures. En effet, à l'heure dite, cette troupe entrait
dans la commune. Il fallait, bien entendu, pourvoir
encore à la nourriture des officiers et soldats qui ne
laissèrent même pas aux habitants le temps d'accomplir les ordres qu'ils prescrivaient. Quoique déjà
presque entièrement épuisées, les familles auxquel-
les il restait encore quelques provisions durent s'en
dessaisir pour gorger cette troupe insatiable, qui
partit le lendemain pour aller camper à Ouzouer-
sur-Loire.

A partir de cette époque jusqu'à celle où le traité

de paix fut signé, l'ennemi avec toutes ses patrouil-
les, ses reconnaissances, ses marches et contre-mar-
ches prit l'inébranlable résolution de nous tenir au
secret le plus absolu. Il ne pénétrait plus chez nous
ni un courrier, ni une lettre, ni un journal ; nous sa-
vions à peine ce qui se passait dans les communes
environnantes. Cependant les rumeurs les plus si-
nistres circulaient autour de nous. On rapportait que
la commune d'Ouzouer-sur-Loire, déjà si cruellement éprouvée, ne pouvait plus résister aux terribles privations qu'il lui fallait subir ; que les hordes
allemandes y commettaient au grand jour des crimes
épouvantables toujours impunis. On disait aussi que
Dampierre n'était pas mieux traité : des hommes
inoffensifs, des pères de famille avaient été lâche-
ment assassinés ; que Saint-Père, où un poste venait
d'être établi pour intercepter les communications
d'une rive de la Loire à l'autre, était le théâtre de
crimes et de sévices particuliers. La municipalité,
les notables, des familles entières s'étaient vus forcés de quitter leurs demeures respectives afin de cé-
der à la fureur et aux violences de cette soldatesque
avide de pillages et de forfaits. Quel chagrin, quelle
irritante inquiétude de ne pouvoir rien apprendre de
précis sur des points qui nous touchaient de si près
et d'une manière si sensible ! Nous comptions avec
angoisse les jours, les heures qui s'écoulaient si lentement ; ces heures, ces jours si féconds en maladie,
en craintes, en désespoir se passaient sans indice
prochain de délivrance. Chacun, au contraire, nous
apportait son tribut nouveau de peines et de dou-
leurs.

Dans ces temps de malheurs, la classe sur qui pesa
le plus lourdement le fardeau de l'occupation ennemie fut celle de l'ouvrier et du petit cultivateur. Ces
gens honnêtes et laborieux, souvent chargés de famille, n'ont jamais que peu d'avances et vivent au
jour le jour dans cette situation qui tient le milieu
entre l'aisance et la pauvreté, plus proche, hélas!
de la seconde que de la première. Pour beaucoup
le travail s'était arrêté ; ils ne se plaignaient pas ; ils
supportèrent, avec une résignation qui touche au
sublime, des privations cruelles dont ils gardaient
le secret, et donnèrent l'exemple des plus nobles
sentiments. Nous ne savons rien de plus touchant
que la naïve simplicité avec laquelle ces braves gens
se résolurent à souffrir tant de maux. On peut dire
que jamais l'esprit de solidarité qui naît d'un malheur
commun n'éclata en traits plus admirables qu'au
cours de cette grande catastrophe qui unissait toutes les pensées comme elle confondait toutes les infortunes.

Les femmes se montrèrent aussi déterminées que
les hommes. C'étaient elles qui portaient le plus
lourd fardeau, car à elles incombait la charge de
pourvoir à la nourriture du ménage (si toutefois on
peut appeler cela nourriture) ; elles faisaient queue
en cachette à la boulangerie pour donner à la famille le pauvre morceau de pain à grand'peine
acheté, soignaient les enfants et s'efforçaient d'é-
clairer encore d'une lueur d'espoir la tristesse du
foyer éteint.

Nous nous trouvions dans la misérable position
que nous venons de peindre quand nous apprîmes,

le 31 janvier, qu'un armistice venait d'être signé par les belligérants. Nous reçûmes cette nouvelle avec une satisfaction douleureuse pour le présent, mais pleine d'espérance pour l'avenir. Une assemblée nationale devait être convoquée à bref délai, afin de statuer sur la paix ou sur la continuation de la guerre. Or, les élections des représentants, qui eurent lieu quelques jours après, se firent dans un ordre parfait. Malgré la distance lointaine (9 kilomètres) où nous fûmes astreints d'aller voter, tous les électeurs valides de la commune des Bordes s'empressèrent de se rendre au scrutin.

Tout le monde pensait que, durant l'armistice, les troupes allemandes feraient trève aux réquisitions ; mais par malheur il n'en fut pas ainsi. Les bons soldats du roi Guillaume, loin de s'abstenir de déprédations, devinrent, au contraire, plus avides de pillage. Les hameaux, les fermes, les maisons isolées de notre commune sont aujourd'hui à peu près réduits à la même misère que le chef-lieu. Les bêtes à corne, les quelques porcs qui ont échappé à la rapacité de ces sauvages ne peuvent plus trouver de nourriture ; car, foin, avoine, paille, tout y a passé, et le pauvre cultivateur partage avec son bétail les rares pommes-de-terre enfouies ou égarées dans sa cave. Pour être logiques jusqu'au bout, les Prussiens mettent en réquisition tous les chevaux de la contrée, ce qui implique aussi la charrette et le plus souvent le conducteur. Celui-ci n'a pas le choix, car le vainqueur ordonne ; il lui faut abandonner son toit, sa femme, ses enfants, pour suivre les ennemis de son pays dans une direction et pour une durée inconnues. C'est l'inexorable loi de la guerre, et le Prussien ne se targue pas de philanthropie ni de sentimentalité ; il prétend même que nous en ferions tout autant chez lui. Puissions-nous être un jour en situation de lui prouver le contraire!

Pendant la durée de l'armistice, le 2 février, nous voulûmes nous rendre personnellement compte de la situation exacte de la commune d'Ouzouer-sur-Loire. En proie à de tristes appréhensions sur le sort des habitants dont quelques-uns nous sont chers à bien des titres, nous nous acheminâmes vers cette localité toujours occupée par un corps considérable. Nous vîmes en arrivant que les maisons regorgeaient de soldats dont les prétentions exorbitantes n'en prouvaient que mieux le dessein arrêté d'anéantir complètement ce malheureux pays.

Qu'a donc fait la paisible population d'Ouzouer dont les murailles sont percées par les bombes, dont les toits s'effondrent? Rien, absolument rien. Quelques soldats français seulement ont osé la défendre. Le Prussien qui pille, qui brûle, qui fusille, ne veut pas de défense. La défense, il la considère comme un crime; ceux qui s'en rendent coupables, il les punit comme des criminels. Nous parcourûmes divers quartiers du bourg d'Ouzouer: partout le vainqueur avait fait peser les plus atroces souffrances sur les infortunés habitants qui, la plupart, n'ayant plus de logements, se voyaient obligés de coucher pêle-mêle sur la paille dans des bâtiments destinés aux bestiaux. Ces malheureux n'étaient pas tous couverts de vêtements assez chauds pour résister à une température aussi dure. Pendant que

les Prussiens, qui s'étaient approprié tous les lits,
dormaient à l'abri du froid, les habitants grelottaient
sous la bise qui les dévorait. C'était pitié de les voir
s'entourer la tête de mauvais bonnets, se couvrir le
corps de grossières limousines, se garnir les jambes
de défroques de couvertures, s'en aller ainsi sordides
et hideux, s'abritant du froid qui sévissait si âpre-
ment.

Fidèles à un système d'intimidation et de terreur
qu'on ne saurait trop flétrir, les troupes allemandes
battaient tous les bois environnant le pays. Malheur
au paysan qui se trouvait en ces lieux, il était
fusillé sans pitié ! Témoin le meurtre de l'infortuné
Charles Noble occupé à lier un petit fagot pour les
besoins de son ménage. Malheur aussi au village qui
avait donné asile ou prêté secours aux francs-tireurs ;
il était impitoyablement bombardé, incendié, ran-
çonné, et les habitants passés par les armes. Du
reste, on voit sur la grand'route d'Orléans à Gien,
près le château de Marchais-Creux, une modeste
pierre tumulaire qui atteste le crime commis en cet
endroit par les sicaires allemands. Que de familles,
aisées hier, sont aujourd'hui en butte aux privations
et à la misère ! Que d'espérances envolées ! Que de
deuils ! Et là, où la propriété est si profondément
atteinte, la vie humaine court les plus grands dan-
gers. Aussi combien d'existences disparaissent
chaque jour.

Nous ne nous étendrons pas plus longtemps sur
les souffrances de la population d'Ouzouer-sur-Loire.
Nous quittâmes cette commune le cœur navré. En
arrivant aux Bordes, la première nouvelle que nous

apprîmes ne fut pas de nature à effacer le souvenir des misères dont nous venions d'être témoin. Les réquisitions innombrables, le pillage ne produisant pas assez à cet ennemi insatiable, et notre malheureux pays n'étant pas assez puni par l'incendie et la dévastation, il fallait encore y ajouter une contribution de guerre. Le général commandant de place la fixa à 13,000 fr., et le percepteur contraint d'en opérer le recouvrement remit au maire ampliation d'une circulaire ainsi conçue :

« *Ouzouer-sur-Loire, le 25 janvier 1871.*

« Monsieur,

« Un décret du ministre royal de la guerre, en
« date du 13 décembre dernier, ordonne pour tous
« les départements français, occupés par les troupes
« allemandes, la perception d'une contribution qui,
« à la place des impôts ordinaires qui ne sont point
« perçus, doit être payée une fois pour toutes.

« Le canton d'Ouzouer-sur-Loire, qui depuis l'oc-
« cupation n'a pas encore été frappé d'une contri-
« bution, devra payer au total la somme de cent
« trente mille francs (130,000). Cette somme, répar-
« tie sur les sept communes dont se compose le can-
« ton, fait échoir à la commune des Bordes un
« montant s'élevant à treize mille francs (13,000 fr.).

« Les ordres reçus me font un devoir de mettre
« toute l'énergie possible et de me servir de tous les
« moyens de contrainte dont je dispose pour que
« l'impôt en question soit perçu au complet.

« Je vous engage, Monsieur le percepteur, de

« vous entendre avec MM. les maires du canton,
« auxquels vous voudrez bien donner copie de la
« présente, et de faire votre possible afin que la con-
« tribution demandée soit payée sans nécessiter
« l'exécution militaire.

« En vous chargeant enfin de l'argent, j'attends
« d'ici quelques jours vos communications sur le ré-
« sultat de vos démarches.

« *Le général de brigade,*

« Signé : H. RANTZAU. »

En présence de ces exigences hors de toute équité
et de proportion avec les ressources de la commune
des Bordes, le conseil municipal réuni à la hâte prit
la résolution de se refuser à payer une pareille
somme. Cependant il fut aussi décidé que si le général Rantzau mettait sa contrainte à exécution, on
offrirait, mais à la dernière extrémité, les deux
douzièmes de l'impôt annuel, représentant environ
1,200 francs. Une liste de souscriptions volontaires
fut ouverte à la mairie; les conseillers municipaux
et les habitants répondirent à cet appel avec une
abnégation et un dévouement à l'intérêt public d'autant plus dignes d'éloges que les ressources de chacun étaient depuis longtemps presque entièrement
épuisées. En peu de temps, la somme demandée fut
couverte; heureusement les évènements qui survin-
rent ne permirent point aux Allemands d'emporter
la proie qu'ils convoitaient tant.

Les jours se suivaient, mais les peines ne dimi-
nuaient point. Si un corps d'armée quittait notre
pays, il était immédiatement remplacé par un autre.

De là, nouvelles réquisitions, nouveaux pillages, nouvelles violences; il en résultait naturellement que plus il y avait de déplacements de troupes, plus les populations avaient à souffrir. Ainsi, le matin du 13 février, des fourriers marquèrent à la craie blanche sur les portes de chaque maison le nombre d'hommes qui devaient l'occuper. En même temps, un officier annonça au maire qu'il fallait que la commune pourvût à la nourriture de 1,300 hommes et de 300 chevaux. Le maire se récria sur l'énormité de ces exigences, affirmant que la population était à bout de ressources et qu'il n'était même pas possible de s'approvisionner dans les communes environnantes aussi malheureuses que celle des Bordes.

Dans cette pénible situation, les habitants ne savaient comment faire pour nourrir un nombre aussi considérable de soldats ; et avant que de minces provisions pussent être recueillies, la colonne entrait dans le bourg des Bordes. Selon l'habitude, le colonel demanda avec ce ton hautain, que nous n'avons que trop entendu, où se trouvaient le pain, le vin, la viande, le foin, l'avoine qu'on devait fournir à sa troupe. Or, comme la population ne possédait plus rien, les officiers se firent amener tous les chevaux et toutes les voitures disponibles afin d'aller réquisitionner ou plutôt piller dans la campagne. Le nombre de ces voitures ne leur paraissant pas suffisant, ces mêmes officiers sommèrent la municipalité d'avoir à leur en fournir au moins deux de surcroît. Le fonctionnaire municipal eut beau leur objecter que toutes les voitures du pays se trouvaient déjà en leur possession, ils n'en persistèrent pas moins à exiger qu'un

guide leur fût donné pour les conduire dans la forêt
où le matin ils avaient vu se diriger en grand nombre des charrettes appartenant aux cultivateurs des
communes voisines.

Malgré lui, le maire fut obligé d'obéir à cet ordre
et par conséquent de charger un habitant des Bordes de servir de guide à quelques soldats qui prirent
incontinent le chemin de la forêt. Arrivés à la maison forestière de Chappes, où se trouvait une longue
file de voitures, les Prussiens demandent deux chevaux et deux charrettes seulement. Sur le refus formel
des conducteurs, refus exprimé avec des gestes mena-
çants, les soldats rebroussent chemin, mais un instant après, une escouade se dirige à la hâte sur ce
point, animée des plus mauvaises intentions. Pendant cet intervalle, les voituriers s'étaient esquivés,
et quand les Prussiens arrivèrent, ne trouvant plus
ni chevaux ni voitures, ils se ruèrent à coups de sa-
bre sur d'inoffensifs ouvriers de Saint-Benoît, occupés à exploiter des bois de chauffage. Plusieurs de
ces pauvres gens furent blessés grièvement ; d'autres
n'échappèrent au même sort qu'en fuyant à travers
les fourrés de la forêt, seule retraite possible pour
ne pas tomber entre les mains de ces forcenés.

Cet évènement, très-fâcheux d'ailleurs pour ceux
qui en ont été les victimes, a donné lieu à d'injustes
suppositions contre la municipalité des Bordes. Quelques individus se sont amèrement plaints et, l'esprit de malveillance aidant, plusieurs personnes se
laissaient aller à répéter ces propos mensongers
dont l'absurdité était manifeste : Que le maire faisait conduire les Prussiens dans la forêt pour s'em-

parer des chevaux et voitures qui n'appartenaient point aux habitants de sa commune ; en d'autres termes, que la commune des Bordes vivait aux dépens de celle de Saint-Benoît.

Nous n'avons pas besoin de signaler à la population de cette dernière localité tout ce qu'une pareille imputation a d'odieux et combien elle est en opposition avec les actes de la municipalité des Bordes, dont le seul souci était de voir se terminer le plus tôt possible une occupation si longue et si lourde pour notre malheureuse contrée.

Ces accusations ne méritaient vraiment pas la peine d'être relevées, mais leur persistance, jointe aux menaces qui les accompagnaient, nous obligent à expliquer les faits et nous espérons qu'un simple exposé suffira pour mettre un terme aux insinuations malveillantes que l'on croirait entretenues à dessein, dans un but que la conscience et la morale doivent répudier. Du reste, les personnes de St-Benoît qui s'étaient rendues ce jour-là en forêt ne furent pas les seules à subir les mauvais traitements de la soldatesque ; les habitants des Barres, comme bien on le pense, ne furent pas épargnés. Sous l'empire d'une terreur dont l'ennemi organisait les degrés avec un art merveilleux, nous étions forcés par lui à tous les sacrifices, nous supportions toutes les pertes, nous avions à subir tous les outrages. Nous nous tairons sur les déprédations, les violences, les exactions que ce corps d'armée commit dans la commune des Bordes, pendant les journées des 13 et 14 février ; car se plaindre trop ou trop haut, c'est perdre le mérite de la souffrance, mais aussi il faut se souvenir, ne rien oublier.

Autant qu'on en pouvait juger par des pièces officielles, un traité de paix devait succéder à l'armistice dont le délai touchait à sa fin ; mais en atten-
dant, nos ennemis désireux de continuer à subsister
en pays conquis, ne cessaient d'appliquer à notre
commune la dure loi du vainqueur, ses défiances et
ses rigueurs.

C'est sous le coup de cette oppression que, dans
la soirée du 14 février, peu de temps après le départ
du régiment qui occupait notre localité depuis deux
jours, l'on vint nous prévenir que 3,000 hommes cam-
pés à Bellegarde, arriveraient le lendemain, à midi,
aux Bordes, et y feraient séjour. Comme précédem-
ment, la commune était sommée de pourvoir aux besoins de cette troupe, et cependant les habitants man-
quaient de tout. Comment sortir de cette terrible im-
passe ?

Le 15 février au matin, des sous-officiers, dont la
plupart étaient en état d'ivresse, parurent dans le
pays, et leur premier soin fut de s'introduire dans
les maisons à l'effet de choisir pour les officiers les
logements les plus convenables. Tout en faisant cette
visite, ces soudards tiraient profit de tout : couteaux,
rasoirs, brosses, papiers, jouets d'enfants, etc., etc.,
tout leur est bon, tout disparaît. Ces procédés, aux
quels nous étions d'ailleurs habitués depuis longtemps,
n'étaient pas de nature à nous rassurer sur la conduite que tiendrait le gros des envahisseurs. A
l'heure annoncée, c'est-à-dire vers midi, la colonne
fit son entrée par la route d'Orléans. En un instant,
le flot allemand pénètre dans toutes les rues comme
un torrent, poussant, refoulant tout. Aussitôt les ap-

partements sont transformés en cuisines, en offices, en écuries, et les propriétaires en sont brutalement expulsés. Comme les infortunés habitants sont dénués de toute ressource, ces furieux ravagent tout : la dévastation et la spoliation sont poussées si loin que les meubles sont minutieusement visités, les papiers rigoureusement examinés ; tous les bâtiments, toutes les cours, tous les jardins sont fouillés de fond en comble. Mais malheur aux demeures près desquelles des cachettes sont trouvées ; elles sont immédiatement livrées au pillage. Quelques-unes furent découvertes dans le bourg des Bordes, notamment celle de M. Jatteau, aubergiste à la Madeleine. Il fallait voir ces pandards s'abattre comme des vautours sur le contenu de cette cachette : vins, liqueurs, linge, effets d'habillement, denrées de toute nature, tout disparaît en un clin d'œil. Et, il faut le dire, les soldats n'étaient pas les seuls pillards ; un grand nombre d'officiers accouraient à la curée.

Pendant que de tels ravages s'exerçaient au chef-lieu de notre commune, des détachements d'infanterie et de cavalerie parcouraient la campagne ; toutes les fermes, tous les hameaux subissaient le même sort.

Dans la même journée, d'autres détachements battaient la forêt en tous sens et chevaux, bestiaux qu'ils rencontraient devenaient leur propriété de par le droit barbare de la guerre.

Le lendemain, 16 février, des ordres furent donnés pour que le pillage s'étendît sur une plus grande échelle. Dès l'aube du jour, des cavaliers, des fantassins se dirigeaient sur différents points ; de ces excursions, les communes environnantes devaient indubitablement en pâtir. En effet, vers deux heures de l'après-midi, on vit entrer dans le bourg des Bordes, poussés par les soldats, des chevaux, des troupeaux de vaches, de porcs, d'oies, etc., etc., enlevés à des fermiers de Bray, Bouzy et Vieilles-Maisons. Rien de plus affligeant que de voir ces pauvres gens suivre en sanglotant leurs maigres troupeaux, prix de tant de peines et de labeurs. Aux cris, aux supplications, les farouches soldats répondent par des coups de crosse de fusil. Rien ne put faire fléchir ces cœurs d'airain et tous ceux qui firent des instances ne reçurent que des refus ou des réponses évasives. Madame L... s'adressa directement au colonel qui lui tint ce langage : « Madame, les personnes pour lesquelles vous vous intéressez n'auront point leurs bestiaux ; c'est la guerre ! Si les Français étaient dans mon pays, ils en feraient tout autant et peut-être davantage. » Comme on le voit, il n'y avait rien à espérer ; il fallait tout endurer sans pouvoir se plaindre ni des ses peines ni de ses pertes.

Mais pour les cohortes du roi Guillaume, le pillage, les spoliations ne suffisent pas ; pour couronner dignement leur œuvre, il leur faut des prisonniers. Dès lors, rien de plus simple que se donner le luxe d'un convoi de captifs. En conséquence, des bûcherons et des voituriers, occupés à l'exploitation des bois et complètement incapables de commettre le moindre acte d'hostilité, sont arrêtés sans motif aucun et amenés au bourg des Bordes où on les fait stationner toute la nuit sans leur donner aucune nourriture ; puis le lendemain matin on les dirige à marches forcées sur Gien. Arrivés en cette ville, ces malheureux sont parqués dans la cour de l'Hôtel-de-Ville, et vers trois heures du soir, après force privations, on les remet en liberté.

Pendant que ces faits se passaient sur un point, un crime abominable se commettait sur un autre. On sait que pendant les deux jours que ce corps d'armée est demeuré dans notre commune, des détachements battaient tous les triages de la forêt. Or, une vingtaine de soldats qui s'étaient dirigés du côté du climat de Corboux rencontrèrent au milieu des taillis trois femmes qui s'y étaient réfugiées avec leurs bestiaux, croyant n'avoir rien à redouter dans ces lieux solitaires. Aussitôt ces brigands s'élancent sur elles; deux purent échapper, mais la troisième, une jeune et honnête mère de famille, devint victime d'un attentat épouvantable que nous nous refuserions à croire, si nous n'avions l'affirmation de gens dignes de foi. C'était un spectacle écœurant, affreux, que de voir cette malheureuse femme, les vêtements lacérés, en lambeaux, les cheveux en désordre, le visage couvert d'une pâleur mortelle, la terreur et l'égarement dans les yeux, luttant avec désespoir contre cette soldatesque hurlante et barbare. Le souvenir de ces outrages, de ces violences, ne s'effacera jamais de la pensée de celle qui les a subis, et sera une cause constante de larmes, de deuil, sinon de folie. Et ceci se passait en plein armistice, au mépris des lois divines et humaines! Tout commentaire est inutile; dans quelle langue, au surplus, pourrait-on trouver des termes pour qualifier de tels crimes!

Enfin le vendredi 17 février, à six heures du matin, de toutes les rues, les soldats allemands levés et équipés en toute hâte, débouchent sur la grand'route; puis, le véritable départ s'effectue en files nombreuses et serrées sur la route de Gien. Alors les habitants des Bordes se sentent un peu respirer et cessent d'être en proie à l'affreux cauchemar qui les étouffait depuis trois jours. Mais la froide et terrible réalité les étreint de toutes parts, toutes les maisons sont plus ou moins saccagées ; les meubles sont brisés, les appartements pleins de débris des festins; les cours sont jonchées de bouteilles cassées, de vin répandu, de linge d'une saleté révoltante et d'ordures de toute espèce. Partout, le désordre et l'aspect de la désolation.

Avec les premières lueurs du jour, le silence s'établit dans les rues, un peu de calme descendit dans les âmes après tant de fatigues et d'épuisement. A cette heure suprême, plus d'une image chère apparut, plus d'un nom fut murmuré avec amour ; plus d'une mère qui ne pouvait être ni entendue, ni exaucée, appela son fils de cet accent profond, déchirant que connaissent seules les mères !

C'est ainsi que se trouvait notre commune le 18 février 1871, après le départ du 15e corps de l'armée allemande qui, on doit le dire bien haut, n'a laissé dans la population que les traces ineffaçables de ses crimes.

Dans les premiers jours de mars, nous apprîmes que des préliminaires de paix étaient signés. Cette nouvelle nous donna, sinon une sécurité complète, du moins l'espérance de voir bientôt la fin de nos souffrances, que bien des personnes, hélas ! n'avaient pu supporter. D'ailleurs, pour se faire une idée de cette invasion désastreuse comme l'histoire n'en mentionne pas, il faut en avoir été témoin. Pour la raconter dignement, il faudrait plus que la parole humaine, il faudrait une inspiration et un langage d'en haut.

Pour rendre hommage à la vérité, nous devons ajouter, avant de terminer ce récit, combien les municipalités ont eu à faire durant cette longue occupation avec un ennemi qui oubliait si souvent et les principes du droit international et les lois sacrées de l'humanité. C'était pour les maires le service le plus pénible, le plus douloureux que celui d'être constamment en butte à tant d'avanies, de misères et d'humiliations. Les officiers les rendaient même responsables de tout ce qui pouvait, dans la commune, leur devenir préjudiciable. Ainsi, entre autres exemples, il est arrivé que le 10 mars, quelques individus se figurant qu'il n'y avait rien de plus naturel que de s'approprier des chevaux prussiens, se sont avisés d'en détacher un qui était placé dans une écurie non gardée et, au milieu de la nuit, le conduisirent dans un lieu isolé où personne ne pouvait en avoir connaissance. La nuit suivante, une selle à monter disparaissait dans la commune de Bonnée, de la même manière et avec les mêmes procédés que pour le cheval en question. C'est alors que les maires des deux communes ont eu à souffrir de ces faits. Les officiers menaçaient de les retenir prisonniers jusqu'à ce que les objets soustraits fussent restitués. La menace fut même mise à exécution à l'égard du maire de Bonnée, que l'on emmena captif jusqu'à

Changy, et ne fut rendu à la liberté que lorsque l'autorité prussienne eut acquis la preuve que ce magistrat municipal était tout-à-fait étranger à la soustraction commise dans la localité.

Quelques jours après cet évènement, les préliminaires de paix ayant été ratifiés par l'Assemblée nationale, le département du Loiret cessa d'être occupé par les hordes étrangères, et nos concitoyens purent enfin reprendre leurs habitudes d'ordre et de travail interrompues depuis si longtemps.

En résumé, depuis le commencement de l'occupation jusqu'à la fin, il ne s'est pas passé un jour, une heure sans que la population des Bordes ait eu à se plaindre et à gémir des déprédations, des ravages, des violences d'un peuple qui ose se targuer d'être le plus civilisé et le plus magnanime de l'Europe.

Tel est le récit exact, véridique, des lugubres événements qui se sont accomplis dans la commune des Bordes, du 5 décembre 1870 au 11 mars 1871. Tous ceux qui, comme nous, ont assisté à toutes les péripéties de ce douloureux spectacle, attesteront la sincérité des faits que je viens de relater ; et, un jour, l'histoire qui rendra, dans ce drame lamentable, son arrêt souverain dira de quel côté a été la grandeur, de quel côté la barbarie. Mais le temps, cet implacable ennemi de la gloire et de la vanité humaine, détruira cette race pillarde qui, imitant les sauterelles partout où elles s'abattent, se tient par ses mœurs et ses habitudes tellement en dehors du droit commun.

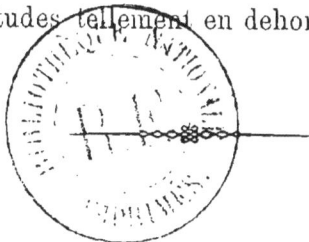

186